INVENTAIRE
Yf 9.800

Laya

La Régénération

Des Comédiens

en france

Paris

1789

LA RÉGÉNÉRATION

DES COMÉDIENS

EN FRANCE.

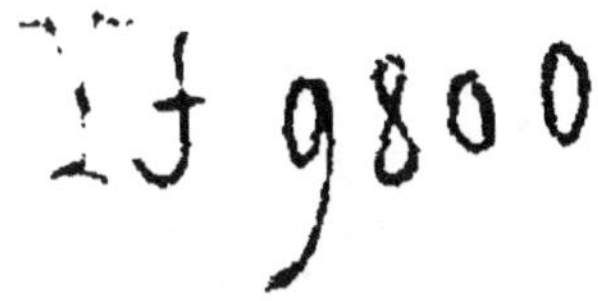

LA RÉGÉNÉRATION
DES COMÉDIENS
EN FRANCE,
OU
LEURS DROITS
A L'ÉTAT CIVIL.

Par M. LAYA.

Celui qui n'a plus rien à craindre dans l'opinion des hommes, peut tout oser : et l'on cesse bientôt de s'estimer, dès qu'on ne peut plus paraître estimable. *Page 30 de l'Ouvrage.*

A PARIS;

Chez Laurens *Junior* & Cressonnier, Libraires, rue Saint-Jacques, vis-à-vis celle des Mathurins.

Et chez Jacquemar, rue Saint-Martin, N°. 256.

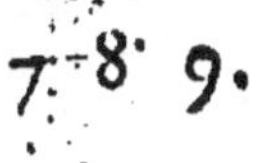

1789.

A MESSIEURS

DES DISTRICTS

DES CORDELIERS

ET DE

SAINT-ANDRÉ-DES-ARCS.

MESSIEURS,

L'OUVRAGE que nous avons l'honneur de vous offrir vous appartient à plus d'un titre. C'est la cause des comédiens plaidée au tribunal de la raison ; il s'agit de leurs droits à l'état civil, trop long-tems oubliés. Vous les avez vengés, Messieurs, et vous avez pensé de leur profession comme les Grecs. Si vous avez fait choix de l'un d'eux pour votre capitaine, c'est que vous avez cru que le Patriotisme ne mourait jamais dans ceux qui ressuscitent à nos yeux les Cicérons et les Brutus.

Heureux ceux qui, comme vous, Messieurs, apprécient le vrai mérite, encouragent les talens, et, foulant aux pieds le despotisme, élevent, de concert avec les repré-

sentans de la nation, le grand édifice de la régénération française.

Daignez recevoir notre hom-
mage ; et nous ne craignons pas
d'être démentis par l'auteur estimable dont nous nous faisons
gloire d'être l'organe et l'inter-
prete.

Nous sommes avec un très-
profond respect,

MESSIEURS,

Vos très-humbles et très-
obéissans serviteurs,

JACQUEMAR & LAURENS,
éditeurs.

LA RÉGÉNÉRATION

DES COMÉDIENS

EN FRANCE,

OU

LEURS DROITS

A L'ÉTAT CIVIL.

Chacun écrit, & chacun veut écrire.

C'EST une maladie qui tour-
mente toutes les classes : voilà ce
qu'on a dit, ce qu'on dit, ce qu'on
dira ; mais malgré ce qu'on dira,

A

ce qu'on dit , ce qu'on a dit , on écrit et l'on écrira tant que nous aurons des abus à réformer , des sots ou des méchans à combattre , et des honnêtes gens à défendre. Les lumieres de la raison , amassées sur nos têtes depuis deux siecles , ont éclairé les sentiers où nous marchons. Leurs rayons se sont étendus pour nos yeux , jusque dans la nuit des siecles les plus reculés. Nous avons vu les erreurs de l'homme pour les éviter, ses préjugés pour les détruire , ses vertus pour les imiter. L'expérience nous a conduits , nous a amenés à la connaissance du bien ; de la connaissance du bien à son desir; de son desir au travail qui en prépare la jouissance (1).

La nation française (2) s'est fatiguée de son esclavage ; elle a

---

(1) J'avais essayé déja quelques idées sur ce sujet dans un ouvrage qui a paru il y a un mois *chez Maradan , rue Saint-André-des-Arcs , hôtel de Château-vieux*, intitulé : *Voltaire aux François*, *sur leur constitution.* J'ai voulu leur donner ici plus de développement.

(2) Un homme d'esprit m'a reproché d'avoir traité ce sujet avec trop d'importance : c'est par le ridicule, m'a-t-il dit, qu'on attaque un préjugé ; mais quand ce préjugé a jetté de fortes racines , l'arme du ridicule n'est-elle pas trop faible pour le combattre ? Il faut convaincre les obstinés ; il faut donc des secoué ses chaînes. Ses tyrans les plus dangereux n'étaient pas ces puissances mortelles , ces dieux d'un moment qu'elle avait faits, devant qui elle tremblait , comme cet artiste de l'antiquité qui pâlit devant le Jupiter de ses mains : c'étaient des puissances plus invincibles ; c'étaient des passions mal dirigées ; des habitudes fortifiées par dix siecles dans leurs racines ; c'étaient ses vices, ses loix même ; c'étaient ses innombrables abus qu'une longue erreur avait consa-

raisonnemens. Cent bons mots, dans ce cas-là , ne valent point une preuve ; et ce n'est pas, j'imagine, en plaisantant, qu'on défend l'honneur d'un corps.

crés. A travers le choc universel des faux principes, la vérité avait hasardé sa voix ; mais le cri du préjugé plus fort l'avait étouffée. Le tems qui renverse l'ordre et le rétablit ; qui détruit et qui recrée ; qui, posant des fondemens, leur donne après de longs périodes, ce caractere de vigueur qui semble assurer leur stabilité, développa les germes du bien, les féconda dans les cœurs, purifia les esprits du limon des préjugés, dissipa les nuages de l'erreur, et accoutuma enfin les yeux au jour de la vérité.

Un sage avait prêché, il y a plus de trente ans, contre l'inégalité des conditions. Vous êtes tous nés freres, avait-il dit ? Les petits le déifierent, les grands le voulurent jetter au feu. Son livre fut controversé pendant plus de dix ans, parce qu'il étoit bon : les deux partis écrivirent de gros volumes qu'on ne lut point. Le sage avoit eu trop raison, pour n'avoir pas tort devant les intéressés. Les intéressés en furent pour leurs clameurs ; et le sage, immobile au milieu des vents opposés qui sifflaient à ses oreilles, eut encore plus d'une fois le malheur d'avoir raison. Il composa ce code social qui a jetté de si grands traits de lumiere dans le cahos de nos principes , et qui

devint dans nos mains le fil d'A-
riane, pour nous conduire hors
du labyrinthe des incertitudes.
Mais ce grand philosophe, sujet
lui-même à l'erreur, comme tous
les ouvrages de l'homme, a quelquefois renversé de ses mains
l'édifice que ses mains venaient
d'élever. C'est ainsi que, venant
de prouver que tous les hommes
sont égaux, il veut qu'on les dif-
férencie par leur état et leur condition ; qu'il refuse à tel artiste
l'honneur qu'il accorde à tel autre;
qu'il écrit contre les spectacles,
et qu'il veut des spectacles ; qu'il
défend de composer des comédies,
et qu'il compose des comédies ;

qu'il se moque de l'opéra et de ceux qui les mettent en musique, et qu'il devient faiseur de musique et d'opéra.

Les erreurs de Rousseau se sont fortifiées de son génie. Les principes les plus faux prenaient sous sa plume un extérieur de vérité. Son style lui faisait des partisans dans les ennemis même de ses principes ; et le grand nombre, trop faible contre la séduction, se rangeait du parti de ses idées. Rousseau, qui a aimé les hommes, les a presque toujours injuriés : Rousseau, qui a le plus aimé les femmes, les a souvent calomniées : Rousseau,

dont la vertu était indépendante
des lieux, des événemens et des
conditions, nous a montré la vertu
conditionnelle en quelque sorte,
accidentelle, ou locale. C'est ainsi
qu'en parlant des comédiennes,
dans sa lettre contre les spectacles, il soutient qu'elles ne sauraient être honnêtes femmes. On
ne doit pas chercher une autorité
à ses fautes, dans celles d'un
grand homme. Phidias ne chargea
point ses prédécesseurs de l'excuse
de ses défauts ; et de nos jours
les Pigal et les Coustou n'ont
imité de Phidias que les beautés.
Un paradoxe bien soutenu n'est
qu'un paradoxe. Admirons le grand

homme, sans nous égarer avec lui.

Les hommes naissent égaux aux yeux de la nature. Toutes les conditions sont de niveau devant la raison. Un homme vêtu à la scithe, à la turque, ou à la française, n'est encore qu'un homme. La pourpre ne peut pas plus ajouter un degré à sa valeur, qu'elle ne peut donner une coudée de plus à sa taille. Chaque être, dans toutes les combinaisons sociales, apporte à la masse commune sa portion d'utilité ou d'agrément. L'utile n'est pas toujours agréable; l'agréable est presque toujours utile. C'est une vé.

rité qui trouve à tout moment son application. L'affection, par exemple, que l'on porte à l'homme gai en est une preuve. La douleur fuit à son approche : la gaîté, comme une flamme subtile , se communique à tout ce qui l'entoure, répand par-tout la sérénité, le plaisir (1), et comme nous sommes toujours heureux de ce

---

(1) Tel était le sentiment du philosophe Hume. Voyez encore la charmante comédie *du Jaloux sans amour*, de M. *Imbert*, où il développe ainsi cette aimable philosophie.

A mon sens , la gaîté vaut presque la sagesse. On dit que c'est un don ; pour moi je le confesse.

qui nous plaît ; l'homme gai nous est utile, puisqu'il est utile pour nous d'être heureux. Bannir les arts d'agrément, a dit quelqu'un, c'est défendre au printems de produire les fleurs : vouloir les flétrir, c'est livrer les fleurs au souffle des vents contagieux.

Les spectacles, chez les anciens, sont d'institution religieuse. On célébroit des jeux en l'honneur de chaque dieu. Les acteurs, dans ces jeux, n'étaient distingués des

______

J'en fais une vertu. D'un long cercle boudeur
Comme un seul homme gai sait bannir la
    tristesse !
L'homme gai, dans le monde, est un vrai
    bienfaiteur, &c.

autres citoyens que par le talent. David , qui fit des vers et les chanta devant l'arche ; qui composa des danses et les exécuta au milieu de son peuple , n'en fut pas moins , aux yeux de son peuple , l'homme saint , comme il l'était aux yeux de Dieu. Les saturnales, les bacchanales, les mysteres de la bonne déesse , qui faisaient gémir un peu la pudeur des honnêtes bourgeoises de Rome, ne déshonorerent point les Romains aux yeux des Romains. Les Italiens , à qui l'on doit la renaissance du théâtre , ne prononcerent point d'anathême contre leurs freres du treizieme siecle , qui firent sur la scene une imitation triviale et burlesque des essais de Grégoire de Nazianze. Ce fut au concile d'Arles, que l'excommunication fut portée par les évêques contre les farceurs et bateleurs, qui déshonoraient dans des scenes indécentes, les mysteres de la passion. L'église ne frappa de ses foudres que ceux qui portaient atteinte à la religion et aux mœurs, puisque le Saint-Siége protégeait et honorait dans le même tems les comédiens d'Italie. On avait puni en eux le crime d'avoir travesti les saints personnages de l'écriture, de les avoir montrés nuds sur les trétaux ; et non le crime de s'être faits comédiens. Ceux qui vinrent depuis, ne succédant point à leurs désordres, dûrent-ils succéder à leur déshonneur ? Voilà le point de la question qui n'en est plus une, aujourd'hui, que pour les esprits faibles, que pour les ignorans et les sots.

Dans ce moment de crise, où nous sommes arrivés après une lutte de plusieurs siecles ; où , revenus du préjugé des conditions , nous avons rapproché les distances ; où le mérite est à nos yeux la seule distinction des hommes , de quel droit infligerons-nous encore au mérite une flétrissure imaginaire ? Nous avons tous secoué nos chaînes également ; nous avons tous également droit à la liberté. Quand nous demandons à grands cris la justice pour tout le monde, allons - nous faire encore entre nous le partage du lion ? Ingrats ! vous n'avez point repoussé dans le danger la main de vos freres ; vous n'avez pas craint la contagion de leur approche ; la peur chez vous fut plus forte alors que le préjugé. Vous avez bien voulu les associer aux risques des combats, et vous leur refusez aujourd'hui les avantages de la victoire ! Si vous avez conquis avec eux la liberté, la liberté est-elle faite pour vous seuls ? Vous vous ou-

vrez

vrez à tous la route des dignités et des honneurs ; et vous fermez, après vous, le passage ! Vous déclarez nobles tous les états, pour en dégrader un seul dont vous ne pouvez vous passer !

Nous naissons : l'homme qui atteint, après soixante années, le terme de sa carriere, doit se retirer content. Quinze ans se passent d'abord avant que nous ayons senti le bonheur d'être : le sommeil va prendre encore la moitié de ce qui reste à la vie : donnez quatre ans à la douleur ; douze ans aux soins de la fortune ; et tirez le résultat : l'homme a vécu cinq ans, encore n'a-t-il pas joui cinq ans d'un bonheur pur. Et c'est sur cette mer d'événemens, qu'en butte aux vents opposés de l'opinion, il se bat pour de vaines couleurs dont il veut orner son vaisseau, au lieu de chercher à le défendre contre la tempête. Ne ressemblons-nous pas trop à l'animal qui abandonne sa proie pour mordre l'ombre ?

Dans les états libres, les places n'appartiennent à personne, parce qu'elles sont à tout le monde. Nulle profession n'entraîne dérogeance et par conséquent déshonneur. L'art d'enflammer les cœurs de l'amour des grandes actions, et l'ame du desir des vertus ; d'effrayer le vice par le tableau de sa laideur, ne peut dégrader ceux qui le cultivent. Les comédiens me semblent au contraire les instrumens dont se servent les moralistes d'une nation. Ils nous font voir dans le miroir de la vie humaine, nos passions, pour nous instruire à les surmonter ; nos ridicules, pour nous en faire rougir ; nos fautes, pour nous corriger.

Il est de l'intérêt de tout gouvernement sage de ne souffler sur aucun corps l'esprit de division qui naît de ces distinctions d'honneur et de mépris ; de ne souffrir point de classes à part. Tout doit être citoyen parmi les citoyens.

Le mépris que l'on verse sur le talent n'est bien souvent qu'une excuse de l'ingratitude : il en coûterait d'admirer : le mépris dispense de l'admiration. Nous jugeons tout le mérite à la rigueur de l'ostracisme. Je suis bien las de l'entendre louer, disait un Athénien (d'Aristide) : Nous ressemblons tous à-peu-près à cet Athénien.

Les uns attaquent l'art du comédien; d'autres attaquent sa personne.

J'ouvre Rousseau, et je lis : *Qu'est-ce que le talent du comédien ? L'art de se contrefaire, de revêtir un autre caractere que le sien, de paroître différent de ce qu'on est, de se passionner de sang-froid, de dire autre chose que ce qu'on pense, comme si on le pensait réellement, et d'oublier enfin sa propre place à force de prendre celle d'autrui.*

Je le demande à Rousseau lui-même : Cette péinture ne sera-t-elle pas aussi justement appliquée à l'auteur qu'au comédien ? C'est vous, Rousseau, que j'interpelle : est-ce avec votre ame brûlante que vous nous avez donné les traits du froid mari de votre Héloïse ? Ne vous êtes-vous pas *passionné de sang-froid* dans la peinture des égaremens de Saint-

Preux ? Et n'avez-vous pas enfin, en composant, *oublié votre place*, pour *prendre celle* du personnage que vous mettiez sous nos yeux ?

Y a-t-il rien de plus lâche, ajoutez-vous, *qu'un honnête homme à la comédie faisant le rôle d'un scélérat ?*

Premièrement, si vous flétrissez le comédien jouant le rôle d'un fripon, vous devez honorer le comédien qui revêt le personnage de l'honnête homme ; et la conséquence est la même ; mais ces scélérats reproduits sur la scene, pour l'effroi du crime, ont été enfantés par de fort honnêtes gens. Corneille, qui a fait des traîtres, ne l'a jamais été envers son pays ni sa famille; Crébillon, dont *aucun fiel n'a jamais empoisonné la plume*, a rempli de sang la coupe d'Atrée : tant d'autres encore, qui se sont identifiés avec des méchans, et qui étaient de fort bonnes ames ! Si l'acteur se *dégrade* en représentant un personnage vicieux, l'auteur ne s'est-il pas *dégradé* davantage en le composant ? Et n'est-il pas plus lâche de former un scélérat que de l'imiter ? Tout le blâme, s'il existe, est à l'auteur qui a fait le mal : car, point d'auteur, point de piece ; point de piece, point de comédien. Si le comédien est coupable d'imitation , il faut bien que l'auteur soit coupable de création : l'un ne fait que réciter les crimes qui ont été commis par l'autre. Je suppose qu'on déshonore le comédien comme complice ; l'autre , comme premier coupable , mérite-t-il d'être honoré? Eh ! combien doivent gémir vos ombres , hommes célebres , qui n'avez composé tous vos chef-d'œuvres que pour éterniser ce souffle de proscription qui flétrit tant d'honnêtes gens ! Et vous , Rousseau , ne deviez - vous pas consacrer un long article de vos confessions , aux remords d'avoir travaillé pour le théâtre ? Vous

qui

qui avez si bien senti le crime
d'être comédien, comment avez-
vous pu fournir de l'aliment aux
criminels, et les endurcir dans
leurs péchés ? Vos pieces ne por-
tent pas même avec elles, comme
beaucoup d'autres pieces, l'excuse
d'un but moral. Votre Devin me
réjouit, mais ne fait que me ré-
jouir : le Magicien, qui a évoqué
l'ombre de Ninus, me donne au
moins de fortes leçons. Pigmalion,
ivre d'amour et de folie devant
le marbre froid taillé par ses mains,
me semble plus digne du Bedlam
de Tyr, que de la scene française. Et votre cœur, qui ne sen-
tait rien pour ce marbre, s'est

pourtant échauffé devant lui : vous l'avez peint des couleurs de votre imagination ; vous l'avez animé de votre vie , et vous avez légué votre ouvrage au comédien , pour qu'il l'adorât à genoux , pour qu'il mentît à ses sensations en le re-présentant , comme vous aviez vous-mêmes menti aux vôtres en le composant , pour qu'il devînt, en un mot , dans ses mains , une pierre éternelle d'achoppement. Je vous le demande , Rousseau , quel est le coupable de vous ou du comédien ?

J'ai déja dit que les spectacles, chez les anciens , étaient d'institu-tion religieuse. Plusieurs peuples y couraient dans les calamités publiques, et souvent en élevaient aux dieux pour désarmer leur courroux. Les jeux scéniques furent institués chez les Romains, pour arrêter les progrès d'une peste vers l'an 390. Ces Romains voyaient-ils dans un tel établissement un nouvel état de corruption expiatoire propre à appaiser leurs divinités ?

L'art de faire des comédies n'avilit donc pas celui qui le cultive : c'est une vérité qu'on ne me conteste point. La liaison qui existe entre l'art de les faire, et celui de les représenter, est trop exacte, pour que la différence soit du mépris ou de l'honneur, entre l'auteur et le comédien. Je crois avoir prouvé que ces deux états se tenaient, qu'ils étaient freres en quelque sorte, et que l'un recevait nécessairement l'influence du sentiment que l'autre nous inspire.

J'ai défendu le comédien dans son art ; je vais le défendre dans sa personne.

Il faut que les comédiens, a dit encore Rousseau, *soient plus vertueux que les autres hommes, s'ils ne sont pas plus corrompus.*

Oui, sans doute ; et Rousseau eut raison raison de le dire : l'honnêteté qui n'est point un mérite chez les autres hommes, en est un chez le comédien. Celui qui n'a pas besoin de l'estime de ses semblables pour savoir être homme de bien, l'est plus sûrement que celui qui cherche dans leur estime une récompense à sa probité. L'un a des vertus pour son propre compte, l'autre pour l'intérêt de son amour-propre. Le premier n'agit pas pour mériter des hommes dont il n'a rien à obtenir ; ils ne lui sauraient aucun gré de ses vertus : s'il est honnête, c'est au moins gratuitement ; le désintéressement de l'autre est plus suspect. L'un estime enfin la vertu pour elle-même ;

l'autre, dans la vertu, ne prise souvent que ses avantages. Mais s'il était vrai que la corruption eût gagné le corps des comédiens, ne vous en prenez qu'à vous, hommes injustes! C'est votre ridicule mépris qui les aurait forcés d'être vicieux. Insensés, qui vous faites si aisément une arme offensive et défensive du mépris, songez à ses cruelles suites! Celui qui n'a rien à perdre dans l'opinion des hommes, peut tout oser; et l'on cesse bientôt de s'estimer, dès qu'on ne peut plus paroître estimable. C'est ici le dernier degré de la corruption humaine. Vous avez crié anathême contre

plus de deux cents mille freres ;
vous les avez rejettés hors des
liens civils ; vous avez dit à l'honnête homme : tu as de la probité,
des mœurs : je vois que tu es
bon citoyen , bon mari , bon
pere , bon parent , et je te flé-
tris.... De quoi me sert donc,
est-il en droit de vous répondre,
d'aimer la vertu ? Me devez-vous
refuser votre estime quand j'ai
appris à la mériter ? Quelle in-
juste loi que celle qui fait à telle
condition une nécessité du déshonneur ! N'es-ce pas nous qui
réveillons chaque jour la sensibi-
lité dans vos ames ? N'est-ce pas

à notre voix que vos yeux se mouillent de douces larmes ? N'est-ce pas nous qui rappellons sans cesse l'homme à lui-même ; qui lui montrons, sous le voile d'une heureuse fiction, la nature et ses miseres ; qui remuons tous les cœurs, à cette vue, pour en faire sortir la bienfaisance ; et qui, non contens d'avoir exposé en préceptes cette vertu, vous forçons souvent, par notre exemple, à sa pratique ? Où est l'infortuné qui a imploré vainement notre assistance ? O familles malheureuses ! qui ne vivez encore aujourd'hui que de nos dons, vous avez reçu le bienfait , et le bienfaiteur est rejetté (1). Nous vous avons donné notre or, et nous ne recevons de vous en échange qu'humiliation et que mépris !

Dira - t - on , comme Rousseau , que la vie *publique* d'une

---

(1) Ceci n'a rien d'exagéré. On sait que l'avarice n'est pas le défaut des comédiens. Leurs noms ont presque toujours paru les premiers dans les actes publics de bienfaisance. La nation qui , dans ce moment , semble leur refuser le droit de citoyen , vient encore de recevoir leur argent. Doit-on accepter des secours de ceux qu'on n'estime point ? Il n'y a de citoyens dans un état que les contribuables : donc , tout contribuable est citoyen.

actrice est incompatible avec l'honnêteté ? Mais en quoi diffère la
vie d'une actrice de celle des autres citoyennes ? Faudra-t-il in-
voquer les foudres canoniques
contre la femme de l'artiste , du
marchand, contre toutes les femmes qui toutes vivent *publique-*
ment ? Les femmes , en France ,
ne menent point une vie retirée :
faut-il en conclure qu'en France
il n'est point d'honnêtes femmes ?
A ce compte, le sérail du grand
Seigneur serait l'asile de la dé-
cence et de la vertu ? Mais chez
presque tous les peuples de l'antiquité , où les femmes vivaient
séparées de la société des hommes ,

on n'en portait pas moins aux acteurs et aux actrices le tribut d'estime qu'on doit toujours aux talens. On n'en faisait point une classe à part des citoyens. Les acteurs, en Grece, ont été plus d'une fois élevés aux fonctions publiques. Les Anglais, que nous imitons quelquefois, comme le singe imite l'homme, sans savoir pourquoi ; ces Anglais, amis de tous les arts, n'ont point encore repoussé de leur sein, ni du sein de leur église, des freres occupés sans cesse du soin de leurs jouissances. Ils ont dressé un monument, à côté des tombes de leurs Rois, à leur actrice Oldfield , qu'ils

avaient adorée pendant sa vie ;
ils ont inhumé avec la même
pompe leur célebre Garrick , honoré pendant sa vie de la fonc-
tion de député au parlement de
Londres ; et on n'a pas vu encore chez eux de curé T.... (1)

---

(1) La vrai dévotion est, sans con-
tredit, ce qu'il y a de plus respectable.
J'honorerai toujours un pasteur qui
saura se resserrer dans les bornes de
sa mission ; mais combien y en a t-il
qui peuvent dire avec le prophete,
non pas dans le même esprit : *Do-
mine zelus domûs tua, comedit me !*
L'ancien curé dont on parle était de
ce nombre. Ce fut lui qui refusa d'en-
terrer M. de Voltaire, et qui fit pro-
mener indécemment de ville en ville,

refuser à d'honnêtes gens l'honneur de pourir ici plutôt que là.
Nous qui savons établir avec tant
d'avidité des manufactures d'acier

---

le corps de ce grand homme ; ce fut
lui qui prétendit condamner nos acteurs
au célibat en refusant de les marier ;
ou qui ne les maria qu'après les avoir
forcés à se parjurer ; ce fut lui encore
qui n'accorda qu'avec peine la sépulture
à Mlle. Olivier, jeune actrice du théâtre
français, morte depuis deux ans. Son
successeur, homme vraiment pieux et
charitable, sans charlatanisme au-de-
hors, comme il l'est au fond de l'ame,
a reçu les offrandes faites aux pauvres
l'hiver dernier par MM. les comédiens
français, avec cette effusion de recon-
naissance qui sied si bien à la vertu,
et leur a témoigné toute l'estime qu'on

poli, à l'exemple de nos voisins, que n'apprenons-nous plutôt à les imiter dans les bonnes choses?

Je sais sans doute que ma sœur la procureuse et que ma sœur l'élue, affectent un grand mépris pour leur sœur l'actrice, dont elles ne sont pas souvent dignes de dénouer le cothurne : ma sœur la procureuse ne sait pas que le mépris qu'on prodigue à ses freres, n'est bien souvent que la mesure de celui qu'on leur ins-

doit à d'honnêtes artistes. Tel est le vrai caractere de l'homme de bien, qui laisse au ciel le soin de juger ses freres.

pire. Elle outrage (1) l'actrice dans ses amours, et prend soin de la venger de ses outrages entre les bras de ses clercs. Je sais que le nom de comédien est en-

---

(1) On sait que la regle générale suppose toujours l'exception, et que l'exception n'est qu'une preuve de la regle générale. Il est, dans cet état comme dans tous les autres, des femmes aimables et honnêtes ; mais cette profession, qui se croit sœur de la grande robe, et qui ne peut l'imiter dans son train, veut trop souvent l'imiter dans ses tons. De là le mépris de quelques unes de ces dames, non-seulement pour les actrices, mais pour tout ce qui ne tient pas à la robe de leurs maris.

core un épouvantail chez nos
bourgeoises du marais ; mais
qu'importent les clameurs des
procureuses , et les scrupules de
ces bourgeoises ? Faut-il que les
cris de la chouette empêchent
Philomele de chanter ? Ne sait-
on pas d'ailleurs que tous les
états se méprisent ; que la haute
robe insulte à la moyenne, et la
moyenne à celle qu'elle croit au-
dessous d'elle ; que le militaire
qui méprise tout , est méprisé à
son tour de toutes trois ? &c.
O malheureux descendans de Ja-
pet , quand cesserez-vous d'être
fiers de votre limon ?

Dira-t-on , car il faut prévoir
tout

tout ce qu'on dira, dira-t-on que l'acteur vient recevoir en personne les huées des mécontens ; qu'il y a quelque chose de dégradant à se venir faire siffler ainsi , en public ? Eh ! messieurs , qui vous montrez si délicats sur l'honneur de vos freres , quand ne ressem- blerez-vous plus à cet homme aux deux besaces , qui élargissait sans cesse la besace de devant pour y enfermer les défauts d'au- trui ? Eh ! mes amis , tout le monde n'est-il pas sifflé ici bas, à commencer par vous , maître (1)

---

(1) Je serais fâché que beaucoup de personnes à talens qui composent le

D

Simon , qui , las de vous faire payer tous les matins devant

corps des avocats , prissent sérieusement cette gaîté. C'est de tous les corps , sans doute , celui dans lequel on trouvera le plus de lumieres ; mais j'ai vu avec peine que plusieurs de ces messieurs ont intrigué pour se faire nommer aux différentes places des districts : j'ai vu avec plus de peine encore que quelques-uns ont déclamé et déclament toujours dans ces assemblées contre les comédiens. C'est dans une de ces sorties ridicules , où l'orateur s'étayait de l'orateur Cicéron , qui avait refusé de paraître en public avec le comédien Roscius ; qu'un honnête homme prit la parole, et fit cette motion plaisante : « Permettez-moi , messieurs, » de répondre à l'honorable membre messieurs , des sifflets à 3 liv. 15 f. , venez en recevoir *gratis* dans vos districts ? Mais n'en rougissez pas , maître Simon : vous qui avez étudié les instituts d'un empereur romain , pour vous

---

» que je ne connais point M. Cicéron ; » je ne sais pas ce qu'il a fait dans la » révolution : ce que je sais , c'est que » M. Naudet , mon général , entend » fort bien le service ; qu'on a été fort » heureux de le trouver dans les mo- » mens de troubles , et qu'après s'être » servi des gens , on ne doit pas en » être quitte pour leur dire : Allez- » vous-en , gens de la noce , &c. » Ce bon homme n'était pas le plus sot de l'assemblée , s'il n'était pas le plus instruit.

instruire du code français, et qui devez, d'après cela, savoir à fond l'histoire du monde, vous n'ignorez pas que quatorze cent dix-sept années, ou environ, après que l'Hébreu Josué eut fait sauter les murs de Jéricho, au bruit des *sifflets* et des fifres ; le grand César, qui était aussi bon orateur que vous, maître Simon, quoiqu'il ne connût pas si bien que vous le digeste, et qu'il ne pérorât pas comme vous dans les districts ; ce grand César (1),

-----

(1) Cette plaisanterie est plus sérieuse qu'on ne croit ; elle est juste au moins par le fond, si elle cesse de

qui avait sifflé le grand Pompée ;
lequel avait sifflé Mitridate , qui
venait de siffler les Romains , fut

---

l'être par la forme. On sait que tout
le monde s'entresiffle. Messieurs les
avocats sont sifflés en personne à l'au-
dience : on ne leur permet pas quelquefois d'achever leurs plaidoyers. Le célebre Gerbier , portant un jour la parole dans l'affaire des Quessac , fut
interrompu pendant plus de trois quarts
d'heure par les huées du parti contraire.
Je pourrais citer mille autres exemples :
il me suffit d'envoyer les incrédules à
l'assemblée de nos representans : qu'ils
me disent en revenant , s'ils n'ont
point encore les oreilles assourdies des
onze cent quatre-vingt-dix-neuf sifflets
conjurés contre un orateur.

sifflé à son tour en plein sénat. Vous savez combien le dernier coup de sifflet lui coûta cher ! Maître Cicéron, qui était aussi grand maître que vous, maître Simon, fut sifflé par le conjuré Catilina. Nos rois de France n'ont-ils pas long-tems été sifflés par les successeurs de votre patron, Simon le pêcheur ? Le grand Condé n'a-t-il pas été sifflé en bataille rangée par Turenne ? Et ce grand Louis, si vain de son nom de grand, n'a-t-il pas reçu, sur la fin de son regne, les huées des nations qu'il avait enchaînées autour de lui ? Oui, maître Simon, depuis votre oncle le marguillier, sifflé dans sa confrairie ; votre neveu le procureur, sifflé dans sa communauté, et par ses cliens ; votre cousin le commissaire, sifflé par les religieuses de Saint-Martin ; jusqu'à votre bâtonnier qui vous régente avec son bâton ; jusqu'au général à la tête de ses armées, &c. ; jusqu'aux empereurs et aux rois, tout sera sifflé sur la terre ; et moi, qui vous parle à présent, maître Simon, vous pouvez me siffler aussi.

Résumons. J'ai prouvé que l'art du comédien n'a rien en soi d'avilissant : le comédien ne peut donc être avili par rapport à son art.

Il ne peut l'être par rapport à sa personne, que par ses vices ; et ce déshonneur lui est commun avec tous les citoyens vicieux. Il suffit qu'il soit homme pour n'être pas rejetté de la société des hommes ; il suffit qu'il soit vertueux, pour s'asseoir à côté des hommes vertueux. La vertu ne se moule point sur la condition ; elle n'est point un vêtement qui s'essaie aux personnes, et qui refuse d'aller à tout le monde. Le prélat ou le comédien, dans leurs vices, au même degré d'infraction, méritent le même degré de blâme ; méritent le même tribut de louanges pour la même mesure

de

de vertu. Je ne verrai jamais dans ces deux hommes , que deux hommes vertueux ou corrompus.

Oh ! si tous les gens d'esprit pouvaient s'entendre , et faire ligue contre les sots , je n'aurais pas eu besoin de prendre la plume. Ce n'est pas pour les sots qu'on écrit, a dit quelqu'un ; tout ce que je viens d'écrire prouve le contraire. On tente le bien : de lourds atomes mal accrochés viennent vous arrêter dans vos efforts; de gros nuages tout roulans viennent offusquer vos rayons. Oh ! quand tous les foyers, qui déjà s'attirent par leur chaleur, se seront rapprochés , et que de plus

E

de dix mille foyers répandus sur notre continent, n'en formeront qu'un seul, c'est alors qu'on verra se fondre en grosse pluie tous ces nuages orageux ! C'est alors que fuiront à jamais tous les enfans de ténebres , devant les enfans de la lumiere. En attendant ce beau jour qui n'est pas loin, gardons la plume , et défendons toujours nos freres qui ont raison.

FIN.

www.ingramcontent.com/pod-product-compliance
Lightning Source LLC
LaVergne TN
LVHW010325030726
842520LV00004B/1263